深謝：書肆山田は、一九七〇年に創業者・山田耕一が岡田隆彦詩集『海の翼』を一冊目の刊行書としてはじめ、その後八〇年の吉岡実詩集『ポール・クレーの食卓』より鈴木一民が引き継いできました。いくつもの出会いに恵まれて、一冊一冊を紡ぐようにして本を作り続けることができました。なくてはならないはずの世界の出現に立ち会えた幸運を思わないではいられません。ここに一文を寄せていただいた方々をはじめ、支えて下さった読者・著者の皆様に深く感謝いたします。

また、多くの現場の方々の協力によっても支えられてきました。書店店頭や印刷製本用紙調達にあたって下さった方々、装幀家の皆様に心より感謝いたします。

なお、文中（）の★印は、二〇一一年版リーフレットよりの再録です。この年には日本が災禍に見舞れました。なかでも活版印刷所は壊滅的な状態に陥り、その後の本造りをめぐる環境は激変しました。れども、詩と詩集は言葉を繋いできました。世界中が災禍に捲き込まれる二〇二一年、〈詩に向きあとはどういうことか〉と問いを重ねないではおられず、皆様に執筆をお願いいたしました。

2021.2

書肆山田の本　1970――2021

執筆者——（登場順）

岡井隆
志村正雄
白石かずこ
入沢康夫
谷川俊太郎
加納光於
馬場駿吉
安藤元雄
木村迪夫
鈴木志郎康
高橋睦郎
清水哲男
吉増剛造

井川博年
藤井貞和
菊地信義
是永駿
八木忠栄
細田傳造
酒井佐忠
笠井叡
高橋順子
池澤夏樹
佐々木幹郎
市川政憲
金石稔
宇野邦一
季村敏夫
大井恒行
野谷文昭

稲川方人
高柳誠
相沢正一郎
前田英樹
野村喜和夫
古田一晴
時里二郎
江代充
石井辰彦
阿部日奈子
中村鐵太郎
糸井茂莉
矢野静明
平田俊子
ぱくきょんみ
須永紀子
山崎佳代子

巻上公一
水原紫苑
小池昌代
浅見洋二
高貝弘也
渡邊十絲子
朝木由香
岬多可子
工藤丈輝
関口涼子
藤原安紀子
奥間埜乃
橋本博人
清都正明

岡井隆

書肆山田、とよぶふかあい井戸がある。青すすきなびく野の中にある
ボタン押せば黒ひげの主人あらはれて白ひげのわたしを迎へて下さる
大泉さん装幀の本いくつ。ふかあい井戸から湧く甘き水
思ひがけぬ難解の本。大かたはわれの怠惰をいましむるため
吉岡實さんと並びて畏れ多し『E／T』もこの秋の光に

（歌人／★）

志村正雄

書肆山田は奇特な出版社である。書肆山田をやっている鈴木さんと大泉さんは奇特のかたまりである。

畸人というか、稀人というか。金関寿夫さんが書肆山田からガートルード・スタイン選集を出すという奇特なプランを樹て、富岡多恵子さんや、ぱくきょんみさんの他に僕にも声を掛けてくださったのが三十年ほど前。

一九六一年、ＮＹＵの図書館に『米国人の創成』が置いてないのはおかしいとプロフェッサー・ギブソ

ンに言ったら「あれを読むひとがいるような時代が来るだろうかねえ」と首をかしげた。奇特な出版社が日本に存在して、スタイン選集はまだ続行中、「創成」も抄訳が出るらしい。

(現代アメリカ文学／★)

白石かずこ

わたしの詩はしあわせである。書肆山田の方へ歩いていくと、本になる。そもそものはじめは『砂族』だった。エジプトをはじめ、砂漠をうろつき、もうすこしで日本に戻れないのではないかと思うほど砂人になった。だが、書肆山田が私の詩の頭と心のタヅナをいつのまにか握っている。そうです。だから詩をかいて本ができました。詩の魂の強力な魅力の水先案内人です。

(詩人／★)

入沢康夫

そうか、もう四十年になったのか。あの港区今里町のアパートの一隅にあった拙宅に、創業者の山田耕一氏が訪ねてみえられ、書肆山田とのつきあいが始まったのは、ついこのあいだのような気さえするのに。

山田氏のあとを引き継いだ鈴木一民・大泉史世のお二人は、実によく頑張って、立派な業績をここまで重ねて来られた。書店の詩書の棚に並んでいても、書肆山田の本は一目で見分けられる。独特の気品ある内容と本造りの故だ。創業半世紀に向けて益々の発展を祈りたい。

（詩人／★）

谷川俊太郎

詩に向き合うと言うとなんだか詩が他人のような気がします。七〇年も書き続けていると、私にとって詩はもう他人ではなくなっています。自分が詩と一心同体とまでは言いませんが、詩はどうやら私にパラサイトしているらしく、宿主の私は迷惑しながら彼奴を養っていると言うわけです。それが時に快感に近付くのは倒錯なんでしょうか。

書肆山田で印象に残る本は、鈴木志郎康『とがりんぼう、ウフフっちゃ。』です。

（詩人）

加納光於

詩画集『《稲妻捕り》Elements』は一九七八年刊。絵の図版の次頁ごと、青インク手書きのまま、詩的言語が別紙に変えて連なり、製本工程で難渋したに違いない。——文中、旅のブリュッセルで実際に目撃した、雷鳴＝稲妻の鋭遁が夕闇を切り裂き「はためく避雷針」。何か神託が降るかの眺めだったと微笑みとともに文の印刷を承諾して呉れた詩人・瀧口修造。

疫病が蔽うこの時空に、未だすがた無き大切な種子を想う。変幻する色彩の生成が光の化身であるなら、誰のものでもあり、そして、誰のものでもない。

（画家）

馬場駿吉

近年の書肆山田の刊行書には、つねに三枚の栞が挿入されている。その表裏には、それぞれ四十数冊の既刊書名、著者名が刻まれているので、ほぼ二百五十点ほどの入手可能な出版業績が通覧できる。現在それに自著の句集一冊、美術論集二冊が掲載を許されている。そのリスト入りを夢みつつ、昭和という日々を過ごしていたのが今は懐しい。

これまでの書肆の刊行書で特に感銘深いものを数冊に絞るのはむづかしいが左の三冊を挙げておきたい。加納光於・瀧口修造『《稲妻捕り》Elements』、若林奮『I.W—若林奮ノート』、笠井叡『カラダと生命』。

（俳人・美術評論）

安藤元雄

私が書肆山田から出してもらったのは、詩集『夜の音』と連作詩篇『樹下』、それに福島秀子さんのデカルコマニーに詩を添えた小さな詩画集『坐る』の三点だが、この三点、どれもスムーズに事が運ばず、私の原稿がなかなか出来上がらなくて、鈴木一民、大泉史世のお二人を散々に待たせてばかりいた。だから私にとっての書肆山田の思い出は、待ってくれたお二人の辛抱強さと、私のような怠惰な書き手にも何とか仕事をさせてしまう逞しい企画力である。私には幸運な出逢いだったが、それが詩の出版社の身上なのかもしれない。

（フランス文学・詩人）

木村迪夫

「いくら内容がすばらしくとも、すぐその場で手にとって読みたくなるような本を作らねばならない」と断言したのは、逝って久しいわが師真壁仁であった。東北の山隘の村で書かれた、土まみれの稚拙な詩作品が、書肆山田と出会ったのは、何時ごろからであろうか。作者の真髄に迫る気概と美意識と、力量感にみちた本造りは、わたしの書くような詩作品をも、より文学的な詩作品集として、体現化してくれる。

（詩人／★）

鈴木志郎康

詩集を単に印刷され綴じられた書物ではなく美しいオブジェに仕立てようという思いがある。『罐製同棲又は陥穽への逃走』はその思いの始まりだった。その詩集を切っ掛けに書肆山田の創業者の山田耕一さんとお会いして、詩集を愛好する人たちの世界を知らされた。それから山田さんから引き継いだ鈴木一民さんと大泉史世さんと十一冊の詩集を出した。そして一枚一枚手で描かれた海老塚耕一さんの装幀の『胡桃ポインタ』が実現した。

（詩人・映像作家／★）

高橋睦郎

長詩『巨人伝説』を出してもらったのが一九七八年だから、約三十五年の付き合いになる。長い付き合いの中での私の書肆山田観をいえば、書肆山田すなわち大泉史世・鈴木一民さんのパートナーシップ、そして、大泉さん、鈴木さんの詩書づくりのエネルギーの源は、詩が好きで好きで、詩書づくりが好きで好きでしようがない、という一事につきる。ついでに、好きで好きでしようがないものに詩人も入るかどうかには、ちょっと自信がない。

（詩人／★）

清水哲男

書肆山田の造本の妙は、相撲に例えれば、著者との立ち会いの阿吽の呼吸の合わせ方にあるだろう。どの本をとってみても、そのタイミングは絶妙だ。むろんこの土壌は、一朝一夕では成立しない。多年にわたる書肆山田の営為に敬意を表したい。

（詩人）

吉増剛造

サミュエル・ベケットと宇野邦一さんの、……あるいは、吉岡実『うまやはし日記』は双六（すごろく）の采（さい）ににた、……上梓、上木の宝（たから）であった、……。書肆設立時に、五万円をいただいて、ちっとも「詩集」をだそうとしない者にも、「畏れ」は、歴然、……。ゲンナジ・アイギ、メカス、ソクーロフ、ソシュール、……と歌にして覚えた、……源氏蛍のイケブクロ、……と歌っているのは、土方巽。もしもこの『静かな場所』がなかったら、尾花澤も京都もないぜ、とゴー造が粒焼居た。

（詩人／★）

井川博年

辻征夫は詩書出版社の編集出身だったから、詩書のできについては特にうるさかった。それ故、書肆山田から最初に出した『かぜのひきかた』『天使・蝶・白い雲などいくつかの瞑想』を手にした時の、喜びに満ちた表情が今でも目に浮かぶ。この詩集から始まった彼と書肆山田との関係は、相互信頼に基づく理想的な関係であった。辻征夫は最後の時まで、本造りは書肆山田を頼りにしていた。また、それに応えたスタッフも立派であった。

（詩人／★）

藤井貞和

し　静まれよ、風のゆくてに、予言（かねごと）や――　この国を吹き荒らす　文字列
よ　世は――　すべて読み来るさきにひらかれむ。よき読者　出でよ。きょうを祈らむ
し　書肆山田、夢とうつつと、尽くしても――　なお尽くしえぬ　恋と革命

ややそしまのやまと　おきなわ、中国も――　世界もあわれ、よそとせ（四十年）の恋
ま　まさゆめか――　詩の国に押し寄せる危機。あらがういまをさらにあらがう
だ　題ひとつ、付けられなくて、泣いていた、若い詩人も――　いまや老獪
ぼん　煩悩も――　さとりも――　なかば。志。昭和・平成、つらぬいてきた

（詩人・国文学／★）

菊地信義
このリーフレットの設計・装幀・造本にあたりました。*

（装幀家／★）

＊編集部注＝二〇一一年版リーフレット。その内容を言葉で説明するのは大変にむずかしいが、あえて試みれば以下のようなことである。――判型と組方はこの二一年版でも基本的に踏襲している。設計・造本は、裏表にグレーで文字を印刷した横長の色紙を二枚重ね、まず中央で二ツ折にし、いったんそれを開き、さらに両サイドから中心に向けて観音開きとなるように折り込む――制作担当も印刷所製本所も困却したが、できあがると諸氏の文章が見事に現前することになった。

是永駿

芒克（マンク）、北島（ペイタオ）、この現代の李白、杜甫とも言えるふたりの詩人は、動乱が続いた現代中国にあって、詩的言語を研ぎ澄まし、解き放った。北島が「日常言語とは違い、詩的言語は言語の暗号コードであり、その変化は潜在的かつ深層にわたるものであり、総体としての言語を方向づけるものだ」と語る、その言語は、言語学者が精励して解き明かすべき究極のテーマを指し示している。

（現代中国文学／★）

八木忠栄

大泉さんが優秀な編集者であることは、前からよく知っていた。相棒の一民について、私は何も知らなかった。だから、この二人が山田耕一さんから引き継いで、書肆山田をうまく展開して行けるものか否か、当初は不安だった。しかし、このバッテリーは徐々に実力を発揮しはじめた。それどころか、詩を中心とした出版社として本格的に成長していった。お見事でした！　勿論そこには、著者たちからの信頼感が強く働いていたに相違ない。

（詩人・編集者）

細田傳造――廃墟に咲く花

日々、詩と向きあってきた。パンデミック渦中にあって詩のことばかり考えているわけにはいかなくなった。毎日感染者数を想う。やがて死者多数を出して終息はあるだろう。かつてある賢者は言った。アウシュヴィッツの後で詩は不可能である。私見、今回の廃墟の地に詩の仇花（ナンセンス）が咲くことはないだろう。だがもしかしたらたぶん生き残った者のうち高らかに詩を詠うニンゲンは再びあらわれるだろう。詩は死なず、ただ消えゆくのみ。今はただ私と共にあった日々の詩集を二冊挙げて謝意を表します。平田俊子『宝物』、奥間埜乃『さよなら、ほう、アウルわたしの水』。

（詩人）

酒井佐忠

書肆山田のあるビルに鈴木一民、大泉史世氏を訪ねて約三十年がたった。詩とは何かと真剣に考えるようになったのは、お二人との出会いによって育まれたのだと思う。いま、書棚から関口涼子・吉増剛造著『機（はた）――ともに震える言葉』を取り出す。「言葉を聞くということは、なによりもそのこだまのうち、その無限の延長のうちに言葉を聞くことだ」。エドモン・ジャベスの言葉を引用し、関口が語る結語と思える一文に納得する。詩の言葉はつねに震え、反響し、形式は問わず、その「こだま」が共有されることが望ましいのだと思う。災禍の時代にこそ、そうした「詩の言葉」が待ち望まれている。

他に辻征夫『かぜのひきかた』、季村敏夫『日々の、すみか』、細田傳造『水たまり』などが印象に残る。

（文芸ジャーナリスト）

笠井叡

書肆山田の本を手に取るたびに、自分が同時代に生きていて、つくづくよかったと思う。このデジタル文化の世において、書肆山田の本はいぶし銀の輝きを持っている。それは本になったカラダである。その中で呼吸が息づき、心臓が鼓動している。詩の精神がオブジェとなって存在しているというよりも、それは「舞踏の停止」だ。私は吉岡実の詩を偏愛しているが、とりわけ陽子夫人が限定七十二部発行してくださった『赤鴉』は、私にとって詩と舞踏のムスビなのである。

麟祥院

門前に足わるき女さむくゐて子等の遊びをあかず眺むも

アレハ　イツノジダイデ　アツタデ　アラウカナ……

（舞踏家）

高橋順子

書肆山田は一点一画をゆるがせにしない、目配りの利いた本を造る。活版印刷の手ざわり、重厚さを知る、いまでは数少ない書肆である。詩人たちの友達であることはなかなかに大変だろうと思うのだが、いつまでも大人にならなかったいまは亡き辻征夫や、大人だったかもしれないこれもいまは亡き伊藤聚たちと房州の夏の海辺に遊んだりもした。商業主義から遠い書肆の高い志をいいことに、私などは足を引っぱり、書肆のみなさんの憂いを濃くしたであろうことをお詫びしています。

（詩人／★）

池澤夏樹

どこの国でも詩の出版社は小さい。小さいところが一国の詩の動向を左右するのだから経営者の姿勢は大事だ。ギリシャのΙΚΑΡΟΣ（イカロス）と日本の書肆山田の二つをぼくは高く評価する。よき詩人を選んで、美しい本を作り、それを長きに亘って続けることで豊かな詩の稔りを実現してきた。自分のことを述べれば、三十年以上の昔、書肆山田から本を出したことでぼくは詩人として認定されたと思った。初めての著書であり、とても誇らしいことだった。

（作家・詩人／★）

佐々木幹郎

書肆山田の本は装幀がシンプルで表紙も本文の活字も美しい。デザインに多少アレンジがあっても、一目見て、これは書肆山田の大泉史世さん（「亜令」さん）の装幀だということがわかる。目立たず、閉じこもらず、しかも軽やかに強い意志を示している。定番の詩集シリーズというのはこうあって欲しいと望む最良の姿だ。わたしは詩集『蜂蜜採り』（一九九一年）を出すとき、書肆山田定番の判型ではなく、できるだけ小さな判型で、とだけ依頼した。完成した詩集の装幀を見て惚れ惚れしたことを覚えている。年月を経ても、幾度触っても飽きないのだ。

書肆山田刊で記憶に残る本――吉岡実『薬玉』、吉岡実『うまやはし日記』、関口涼子・吉増剛造『機―ともに震える言葉』

（詩人）

市川政憲

若林奮・前田英樹『対論◆彫刻空間―物質と思考』を携え続けている。表現者としての制約、限界、不自由に言及する若林奮の、「何かに気付くとは一体どういうことか」という問いを抱えて読む。気付くとは、何かが自分に触れて、気付かされること。同じものを見ていても、どこに気付くかは違うはず。

そこにこそ個人はあるのだが、自分に触れてきた他者との相対関係に立つ限り、表現はおのずから制約された不自由なものである。見る・見ないの「自由」をこえて、見ずにはいられぬ不自由からはじまる彫刻思考。他者の他者として絶えざる現在を生きる自由なる個人にかかわる彫刻の可能性を垣間見る。

（美術評論）

金石稔

詩人という名称がまだ「漢詩を作るひと」を意味していた時代に、新體詩人であることに志を立てながら、こんにちでは、その名も詩行もほぼ忘れられた撰者、編集者河井醉茗に魅かれてしまう。「みんなお前たちに譲ってゆくために／いのちあるもの、よいもの、美しいものを／一生懸命に造ってゐます」（醉茗〈ゆづり葉〉より）。そのような、次世代への無償の営みで半世紀を歩んだ出版人、鈴木一民、大泉史世さんは書肆山田の「美しい」本のかげで不滅に生きつづけるでしょう。明治十五（一八八二）年に出た、かの『新體詩抄』の「出板人」丸屋善七の名が燦然と輝いているごとく。書肆山田で強く印象に残る刊行物に、詩誌「るしおる」全巻、『旅人の樹』（トリスタン・ツァラ）、『雷鳴の頸飾り——瀧口修造に』の三冊を挙げたい。

（詩人）

宇野邦一

詩の行方は、とても気にかかることのひとつである。言葉は起源に近いほど詩的である。明白なリズムを刻み、感情の波うちにじかに結ばれている。風の歌、大地の歌のようなもので、光や闇も孕んでいる。しかしそういう言葉が、やがて未知の徴候や脅威を前に震え、加速され圧縮された時空を表現し、それはもう詩というような形態やジャンルの外に出てしまうのだ。詩が不在のように見えるいま、実は詩はいたるところで蠕動し呻いている。

（フランス文学・哲学者／★）

季村敏夫

梅田の本屋で、偶然、鈴木一民さんに会った。阪神大震災の直後のことだった。会ったことはおぼえているが、何を話したのか、ほとんど記憶にない。こころのどこかに、恐ろしい静謐感を抱えていたこと。いつもと変わらない日常が、信じられなかったこと。粉塵の街に戻らねばならないことが、悲しかったこと。やがてこれらのおもいが、混ざりあい、再生合金のための、塊りとなって育っていった。

（詩人・エッセイスト／★）

大井恒行

大事な二つの思い出がある。一つは、ぼくの『風の銀漢』、清水哲男と福島泰樹のお二方に跋をしたためていただいている。それは書肆山田の配慮だ。二つ目は、ぼくが制作に携わった高屋窓秋最後の句集『花の悲歌』（弘栄堂書店刊）。書肆山田の装幀のほとんどは亜令こと大泉史世、迷うことなくお願いした。貴公子・高屋窓秋に、これ以上はない装幀、その場で「雪月花美神の罪は深かりき　窓秋」と自署して下さった。

記憶に残る著書としては、瀧口修造『地球創造説』、清水哲男『打つや太鼓』、打田峨者ん『光速樹』を挙げたい。

（俳人）

野谷文昭

言葉を覚え出した幼児が嬉々として、あるいは必死に発する単語の羅列は大方意味を成さない。だが言いたいことは伝わる。それを詩とは呼べないが、詩的に聞こえる。柔らかな感性と汚れのない瞳で世界を捉えたわずかな単語にまだ嘘はない。詩人はその詩人にしか捉えられないことを少ない言葉で必死に表わそうとする。それは喜怒哀楽の発露かもしれないし思考の表現かもしれない。その意味は即座に伝わるとは限らない。あとで予言として人々を驚かせたりもする。だから詩人の言葉を蔑ろにしてはいけない。それは世界の滅亡あるいは救済を幻視したことの報告かもしれないからだ。
書肆山田の本から心をうたれた三冊を選ぶ――宇野邦一『他者論序説』、関口涼子『二つの市場、ふたたび』、山崎佳代子『ベオグラード日誌』。

（ラテンアメリカ文学）

稲川方人
敗戦後のこの国において「詩」を再び開いた詩人たちは、「国家」の無意味をどれだけ書いただろうか。身に沁みたはずの彼らの存在の危機を「詩」は救ってしまったのではないだろうか。陰翳さえない共同体、その無意味さは、新たな地平に向かう「詩」を支えてしまったのではないだろうか。ただの空白の空間に風景を維持しているだけの「国家」、それは「詩」の対象ではない。私の「詩」はだから、非在＝不在を書くしかない。
岡田隆彦『海の翼』、吉岡実の諸作、「るしおる」、書肆山田の出版物で特筆したい。

（詩人）

高柳誠

あるイメージなりことばなりが、突然、作品の核として立ちあがってくる。やがて、それに引き付けられるようにして、さまざまなことばが徐々に寄り集まる。それがある時、発熱・発光して胎動を始める。その発語の現場に測深鉛を下すのが、私にとっての詩作行為であろうか。そうした発語の現場にまで寄り添って、それを本という形に具現化する作業を、経済効率とは最も遠い場所で半世紀も続けてきた一書肆の営為は、まさに奇蹟と呼ぶしかない。

私にとっての書肆山田の三冊――大岡信『遊星の寝返りの下で』、吉岡実『ポール・クレーの食卓』、入沢康夫『夢の佐比』。

（詩人）

相沢正一郎――詩に向き合うとはどういうことか

閉じた本のまわりから立ち上ってくる世界に触る……五感を開いて。発想は、ジョン・ケージの「4分33秒」。ピアノの鍵盤の蓋を閉じ、沈黙、周囲のノイズ、それから聴衆のざわめきに耳をすます。ちいさな世界だけど、わたし自身の心臓の鼓動、呼吸音は、聴覚を超えて生命そのもの。もちろん作品を書くのはそんなに簡単じゃない。まず、閉じる為の本が必要。デュシャンの「泉」が、便器を展示する美術館を必要とするように。

印象に残る書物としては、サミュエル・ベケットの『伴侶』、『見ちがい言いちがい』、『また終わるために』、『いざ最悪の方へ』。

（詩人）

前田英樹

書肆山田について私が何かを述べるとしたら、それはまず感謝ということになる。最初の本『沈黙するソシュール』を出してもらった時に、私は自分が何者であるかが急にはっきりとした。書肆山田は、著者に対してそういう作用を及ぼすことのできる無類の出版社と言っていい。また、驚くべきなのは、ここから刊行される本の世界性である。それは、現在の日本語に対して、文学が負う責任をひたすら果たしているところから来るように思う。

（哲学者・批評家／★）

野村喜和夫

恐る恐る書肆山田の扉を叩き、第二詩集『わがリゾート』を出してもらつてから、もう三〇年以上も経つとは。しかし後年、鈴木一民さんからこの詩集の重要性を強調していただき、歳月なるものが一気に無化してしまふかに思はれたこともある。詩は至高であり、詩に向き合つては、私ごときはいつもはじまりの者でしかないのだらう。だがそのとき、寄り添ひ励ます先輩の同志のやうに、鈴木さん、大泉さん、お二人の姿が見えるのである。そしてまた、私にとつての書肆山田刊詩集の極めつき、吉岡実の『薬玉』や入沢康夫の『牛の首のある三十の情景』が、不変の遠い憧れのやうに浮かび上がる。

（詩人）

古田一晴

鈴木一民氏との出合いは、七八年三月、小店開催「加納光於・馬場駿吉——ブックワークとその周辺」展の頃。会場設営に先輩同僚の木村直樹氏と携わったが、これにも立ち合われた。翌年一月に瀧口修造・加納光於共作『掌中破片』を刊行されている。八四年、馬場駿吉氏『液晶の虹彩』出版記念会事務局を承るなど今日まで小店の根幹をなす文学書の要に書肆山田本が、全目録より再見できる。一民氏は自ら書店営業も続けられている。次回の前触れなく営業される日が楽しみです。殊に印象に残る本に、加納光於・瀧口修造『《稲妻捕り》Elements』、ジョナス・メカス『セメニシュケイの牧歌』、ガートルード・スタイン『やさしい釦』がある。

（名古屋・ちくさ正文館書店・本店々長）

時里二郎

《詩》は言葉では書けないもの。「書けない」という断念が、激しく「書くこと」を身体に求めてくる。言葉という身体を通して《詩》に触知すること。《詩》が書けないことを身をもって明かすこと。そして、《詩集》は、カタストロフという文明の震えと共振する言葉の容器だ。書肆山田の詩集からそれを挙げると、季村敏夫の『日々の、すみか』。カタストロフにさらされた身体の言葉。高柳誠『都市の肖像』。カタストロフの遙か後に偶然見つかった文明の遺物。藤原安紀子『アナザ　ミミクリ』。カタストロフ前夜に密かに交信された異物としての物語。

（詩人）

江代充

83年の初め頃、『昇天　貝殻敷』の原稿を持って、荒川線の路面電車に乗った。大塚から三つ目の雑司が谷に出ると、そこで待っててくれている人が狭いホームに見え、大泉さんが、一つしかない小さなベンチに独りで座っている。初対面だが、柔らかなふんい気があった。別の日、その詩集のためのたった二枚の補足の原稿を持ち、今度は池袋から東(あづま)通りの方へ入って行くと、約束通り、その往来で一民さんに会うことができた。彼は肌着の懐へ原稿をしまい込み、さあ行こう、どこへ行こうかと話し始めた。詩にどう向き合うのかって？　これら、今の私にとってじつに大切な、二つの初期の思い出である。

（詩人）

石井辰彦

九月と三月、ふたつの一一日を経てなお、詩を書くことは可能か？　このアドルノ的設問には、無論可能だ、寧ろ必要性を増したのだと答えよう。短歌という詩型の詩を専らにする私を含め、苟も詩を書くほどの者は、時代の悲劇を真摯に凝視し、世界の危機に警鐘を打ち鳴らすべく、心を尽して詩を書き続けなければならない。その時、少部数ながら万鈞の重みある詩集を地道に上木し続けている版元の存在は、何にも増して心強いことだ。書肆山田の活動は、今後益々意義深いものとなってゆくはずである。

（歌人／★）

阿部日奈子

書肆山田というと、真っ先に浮かぶのは冊子「るしおる」だ。更紙の束を紙テープの帯で巻いた一九九〇年代の体裁が懐かしい。この時期の「るしおる」でキラリと光る詩や論考に出会った。書籍では財部鳥子の著作。詩集『哀耄する女詩人の日々』、哈爾浜紀行『猫柳祭』など、何気なく見えて動かしようのない言葉が並んでいる。財部さんからは「詩は前衛、と思って書いている」と伺った。重苦しい時代にも、前衛の気概を胸に書き続けたい。

（詩人）

中村鐵太郎

どんな書き手にとっても書くことはとどまることのない現在化にあるほかはない。そのこと自体がなお詩ではないとしても、詩はそのかなたにあって繫留点のそれ以前にはいかなる場所も確保しえない。そういう運動が書肆山田の半世紀の歴史を駆動してきたにちがいない。たとえば一九八三年『愛・賭け・遊び』にはじまって三十年近くつづいた宮原庸太郎によるツァラの翻訳と刊行は、ほぼ全点がかなたへ向って現在も入手可能なはずだ。この運動のあざやかな証左でなくてなんだろう。

（批評家・詩人）

糸井茂莉

液晶画面の文字入力を横から縦にして、日本語＝私が唯一自由に使えると信じる言葉できれぎれの語を打ち込み、それらを次第に厚みのある小さな世界へ変えていくとき、私は詩に向き合っていると言いたい。音、声ではなく、紙に刻まれて初めて外部に出ようとする文字列。それはあなたにとっては意味をなさない無価値な文の羅列に過ぎないとしても、私には結晶としてある揺るぎない構築物。詩とは何かと問う前に、アフター〇〇と時代を区切る前に、世界を作ろうとする姿勢にまず身を置いてみる。
記憶に残る書肆山田の本——一連の季刊「るしおる」、吉岡実『ムーンドロップ』、白石かずこ『砂族』。

（詩人）

矢野静明

詩は書かない。私には書けない。そういう言葉を持っていない。
詩の言葉は、普段に使われる言葉、意味の伝達とは別のところにある。意味や伝達とつながらないままに現われる言葉。それは、言葉にならない言葉である。詩を書かない人間には、そういう言葉は訪れない、だろうか？ そんなことはない。言葉にしようとしても言葉にならない言葉は誰にでも必ず訪れる。むしろ世界中に充満している。世界は詩である。
記憶に残る書物から二冊。有田忠郎『夢と秘儀』、サン＝ジョン・ペルス『鳥』（有田忠郎訳）。

（画家）

平田俊子

詩は時に足もとを優しく照らし、詩は時に鋭く刃物を突き付ける。詩は時にわたしたちを過去に引き戻し、詩は時にわたしたちを未来にいざなう。恐ろしく、愚かしく、おぞましく、哀しく、滑稽で、見えっ張りで、いばりん坊の詩。人間そっくりの化け物のような詩とわたしはずっと付き合ってきたし、これからも離れることはできない。詩は生と分かち難く、いつもわたしたちのそばにいる。

（詩人・作家／★）

ぱくきょんみ

「スタインの本を出そうという奇特な出版社があるんだよ」金関寿夫先生の弾んだ声をいつでも思い出すことができる。「シリーズの出版だから『地球はまあるい』も推しました」わたしは息をのみこみ、胸をどぎまぎさせた。20世紀はじめにガートルード・スタインが降り立ったヨーロッパの地平。「荒地」を直視するモダニズムのうねりのなかで、言葉は一粒一粒のつぶてとなり、世界中にはなたれ、常に異言語を呑みこみ、世紀をゆうに超えた。書肆山田の本たちに刻まれたつぶてに今もどぎまぎさせられている。

（詩人・翻訳家／★）

須永紀子

辻征夫さんの数冊の詩集が書肆山田との出会いだった。贅沢な造りの美しい本。いつかここで詩集を作りたいという願いがかなったのは六年前である。紙の色見本がとどいたとき、本造りに参加している喜びを感じた。表紙と見返し、帯。見本刷りが出て、やがて本ができあがった。活版文字の手触りと柔らかな光を放つインクの黒。書肆山田の本はいくら眺めても見飽きることのない端正さで書棚を満たしてくれる。

（詩人／★）

山崎佳代子――詩という救い

一九九五年、ユーゴスラビア内戦勃発、難民となる人々……。ベオグラードで編んだ詩集『鳥のために』は書肆山田で刊行され、言葉の紡ぎ手たちとの旅が始まった。本とは、善き手と手が結ばれて生まれる魂の食物。詩とは祈り、闇の中の微かな光、渇きを癒す水。我が家の廊下の本棚を、書肆山田の書物が埋め尽くす。それは内なる世界を守る仲間たちの砦であり、背表紙を見つめて私は安堵する。詩とは救い、悲劇のなかの歓喜である。

胸に沁みる三点――白石かずこ『白石かずこ詩集成』、高橋睦郎『起きあがる人』、池澤夏樹訳『カヴァフィス全詩』。

（詩人・翻訳家・エッセイスト／在ベオグラード）

巻上公一

以前より石井辰彦の歌集を美しいと思っていて、石井さんに本について相談したところ書肆山田の鈴木一民さんと大泉史世さんを紹介してくれた。わが書架には、ガートルード・スタインの『やさしい釦』やクリスティアン・モルゲンシュテルン『絞首台の歌』がある。そして『アイギ詩集』もある。いずれも書肆山田の刊行である。作曲家でバイオリニストのアレクセイ・アイギとは、これまで何回も共演をも重ねてきた。世界パンデミック宣言まもない二〇二〇年三月一七日にモスクワで一緒に演奏する予定でもあった。彼が詩人ゲンナジイ・アイギの息子と知り、縁を感じている。

（ミュージシャン）

水原紫苑

書肆山田といえば、詩歌の檜舞台という感じで、畏れ多いのだけれど、大好きな阿部日奈子さんの数々の名詩集で親しませていただいている。『典雅ないきどおり』『海曜日の女たち』『キンディッシュ』そして『素晴らしい低空飛行』は、私の部屋の一番良い場所にある。阿部さんの知性と情念による言葉の魔術に陶酔する。

また去年は石井辰彦さんの『あけぼの杉の竝木を過ぎて』をいただいて感激した。孤高の歌人が正しく評価されるように願っている。

能の『邯鄲』では五十年は一炊の夢だが、この言葉の五十年は重い。次の五十年を切にお祈りする。

（歌人）

小池昌代

死んだと思われていた想像力が、いまほど、よい薪になるときはない。息を吹きかけ燃えたたそう。火の粉が舞う。小さな蛍のように。どこへいくのだろう。そのゆくえを、目で追いかける。同じとき、見知らぬ誰かも、同じ火の粉＝蛍を見ているかもしれない。そんなことが救いになる。そんなことが人を支える。「詩」は、かけ離れたものたちをつなげる、目には見えない「はたらき」のことなのだから。書肆山田の刊行物から、記憶に残る、極めて個人的な三点をあげる。高橋順子『花まいらせず』、岡井隆『伊太利亜』、江代充『黒球』。

（詩人・作家）

浅見洋二

杜甫は言う。「文章は一小技（いちしょうぎ）、道に於いては未だ尊し（とうと）と為さず（な）」――「文章」すなわち詩はつまらぬ技（わざ）にすぎず、世を統べる（す）根本原理の「道」に寄与するところはない、と。杜甫は、その「小技」たる詩によって大いなる世界と対峙した。そして、繰り返しわれわれに突きつける。「乾坤（けんこん）　瘡痍（そうい）を含む」あるいは「天地　日（ひび）に流血す」といったヴィジョンを。傷だらけの「乾坤」、流血する「天地」。このとき、詩もまた傷つき、血を流しているのかもしれない。

書肆山田の本から三冊を選ぶとすると、いずれも是永駿訳の『芒克（マンク）詩集』、北島詩集『ブラックボックス』、『北島（ペイタオ）詩集』となろうか。

（中国文学）

高貝弘也

……縹渺とした原野を。いつから、どこまで、あなたは尋ねていくのだろうか。土にまみれ、風と遊び、闇を超え、そして光と戯れた。あなたは、つねに詩と共にあった。求められるときも、拒絶されるときも、いつも詩のことを想った。多くの畏るべき詩人たちが、あなたのなかを通り過ぎ、時代をつくっていった。これからも、言葉あるかぎりつづけるだろう。何度も何度も、あなたは詩と共に、生まれかわるのだろう……また酒を酌み、書物を編みながら。

（詩人／★）

渡邊十絲子

詩は魔術だと思います。詩の言葉は、いまだ存在しないものをありありと描き出す力をもっています。いま詩は、疫病とそれがもたらす困難に苦しんでいる世界の現実をなぞるのはやめて、ありえたもう一つの世界の手ざわりを描いてみせるべきだと強く思います。言葉の混沌の海から、自分が思うもっとも魅力的な世界をつかみ出してくる試みが、詩と向き合うことなのではないでしょうか。

書肆山田の本はわたしの本棚に何冊あるかわかりません、すべて大切です。そこでここでは、つねに本棚ではなく手もとにあり、何度となくノートに書写した二冊だけを挙げます。

鈴木志郎康『融点ノ探求』、若林奮『I.W―若林奮ノート』。

（詩人・エッセイスト）

朝木由香

瀧口修造がはじめて渡欧したのは一九五八年。アンドレ・ブルトンを訪問し、戦前、洗礼を受けたシュルレアリスムとの「再会」を果たしたこの旅の眼差しを、瀧口が撮ったフィルムから辿る小さな展示を行って一五年が経つ。

詩人は、車窓越しの電線が不意に近づいては遠のいていく、そんな時空の揺らぎにレンズを向け、マルコム・ド・シャザルの詩集に木の葉を挟んで旅をした。

旅する自由を失った今、瀧口が旅のあと、自ら発給し知人に贈った『リバティ・パスポート』のことを思う。詩句と手彩を施したこの手製草子には、国家に従って一定の自由を得ることへの抵抗が企まれているからだ。人がより個人的な理由で何かと出会い、親密な関係を結び直すような「旅」に向かいたい。

記憶に残る書肆山田本としては、瀧口修造『星と砂と 日録抄』、瀧口修造/加納光於詩画集『《稲妻捕り》Elements』をあげたい。

（神奈川県立近代美術館学芸員）

岬多可子

この世の、どうにも言葉にできないところに触れてみたいと思って書いてきた。どこまで行っても覚束ないままのそれらが、書肆山田を通ると、もうそれ以外のかたちは考えられないという一冊の姿となってあらわれ、わたしは畏敬と幸福の溜息をつく。慎ましくも贅沢、静謐が放つ燐光、繊細で硬質な佇まい——書肆山田の本に通奏するのはそんな美質だと思う。……と書いて、ふいに大泉史世さんの声もまたそのようであったと思い至る。

記憶に残る書として、真っ先に浮かんだ二点を挙げたいと思います。『高橋順子詩集成』、山崎佳代子『ベオグラード日誌』。

（詩人）

工藤丈輝

詩が陶酔をもたらす何ものかであるとすれば詩は必ずしも言葉で書かれる必要はない。「アスベスト館通信」によって書肆山田の名は夙に存じていたが「るしおる」28号に載った「メキシコの征服」（アルトー／宇野邦一訳）でその存在は輝きをおびた。鈴木一民氏が土方巽の知遇をえていたこともあり思いもかけず親しくしていただき雑司ヶ谷のご自宅での酒宴に招いてさえいただいた。その際の氏の手料理による饗応は絶妙で間と品格に事欠くことがなかった。そこにあったのは詩である。多くの書に接したが、創作に何らかの影響をしたものということでは、吉岡実『神秘的な時代の詩』「るしおる　28号」「アスベスト館通信1～10」ということになろうか。

（舞踏家）

関口涼子
書肆山田がなかったら、わたしという詩人は存在しなかっただろう。関口涼子がいなかったところで何も変わりはしないかもしれない。でもその出版目録には、わたしのように、この出版社がなかったら存在しなかっただろう詩人の仕事や海外文学の翻訳が異様なほど多い。インディペンデントプレスだからと言ってやり過せない「取り替えのきかない本たち」がここに顔を揃えている。それこそが、どの出版社にも本来あるべき個性、存在意義、なのだろうと思う。

（詩人・翻訳家／在パリ★）

藤原安紀子
初めて書肆山田の本に出逢ったのは「丸善京都本店」。いつもは行かない詩集の棚に背伸びして立ち寄り、白く薄い背表紙の本を手にとった。関口涼子『(com)position』。開いた頁に踊る文字が可憐で、耳元で囁かれた声のようで、その詩集を好きなひとに贈った。しばらくして同じ本を自分にも買った。詩は一瞬で身も心も席巻する。言葉はひと一人よりも、ずっと多くの想いや憶いや念いをもっている。他人のためでなく、自分のためでもなく、言葉のために詩がある。その美しさと残酷さに生き様をおしえられてきた。

（詩人）

奥間埜乃

手を伸ばして触れたくなる書物、その佇まい、それがわたしの書肆山田の本の見つけかたです。やわらかな紙の繊維に文字がほんの少し押された圧痕、そのくぼみを何度もなぞったわたしの指痕に塗れた書物――『廊下で座っているおとこ』（デュラス）、『去勢されない女』（サントス）、そして『伴侶』（ベケット）へとわたしの目はうつろい、それら三冊がたどってきた時と融けあういまこのとき、書肆山田の新たなリーフレットを手にとる喜びに浸っています。

（詩人）

橋本博人

外部からもたらされる見えないものに応え、名づけ返すこと。あるいは身体のうごめきを繊細な精神的なものの運動に翻訳すること。ときには冷徹ですらあるその営みを詩と呼ぶならば、詩は生の周辺ではなくその基底としてある。社会の醜態が繰り広げられ、いかに世界の悲惨が語られようとも詩の回路は巡り続ける。『I.W―若林奮ノート』。回転する座標軸のように充満した空間の厚みと変化の集積をただただ記述する彫刻家の身体。読むたび唸る。

（出版社勤務）

清都正明

今まさにパンデミックの只中ですが、自然災害、社会の混迷の前で人間一人ひとりは本当に小さく弱い存在であるということを想います。しかし、だからこそ、むしろそのことによって、これまで人間が連綿と紡ぎ繋いできた詩や書物の真の美しさ・儚さ・豊饒さと再び向かい合う機会に恵まれたのだと考え、今回フェアをご提案いたしました。「小さな本屋」書肆山田の、その50年分の、宇宙まで届かんとする知の幾何かでも、皆様と共有したく存じます。

記憶に残る著書としては、藤井貞和『神の子犬』（東京堂に入社した日に積んであった本です）、山崎佳代子『ベオグラード日誌』、『カヴァフィス全詩』（「小さな本屋」でも世界と繋がることができる、という証拠のような本です）。

（神田神保町・東京堂書店・文芸書担当）

書肆山田の本　1970――2021

発行　二〇二一年二月二〇日　書肆山田
東京都豊島区南池袋二―八―五―三〇一
電話〇三―三九八八―七四六七
FAX〇三―三九八三―五四七七
http://shoshiyamada.jp/
ISBN978-4-86725-008-2